KB025525

행복은 어디에서 오는 것일까?

한 입 크기 철학 **3**
행복은 어디에서 오는 것일까?

초판 인쇄 2020년 06월 20일
초판 발행 2020년 06월 25일

지은이 에마뉘엘 드 샹
그린이 알프레드
옮긴이 이수진
펴낸이 조승식
펴낸곳 돌배나무
공급처 북스힐
등록 제2019-000003호
주소 01043 서울시 강북구 한천로 153길 17
홈페이지 www.bookshill.com
이메일 bookshill@bookshill.com
전화 (02) 994 - 0071
팩스 (02) 994 - 0073

정가 9,000원
ISBN 979-11-966240-6-4

* 잘못된 책은 구입하신 서점에서 바꿔 드립니다.

Tout pour être heureux?
Emmanuelle de Champs & Alfred

에마뉘엘 드 샹 & 알프레드

행복은 어디에서 오는 것일까?

행복을 어떻게 표현할까?

행복은 쉽게 손에 잡히지 않는다. 행복이란 무엇일까? 스치듯 사라지는 느낌이나 감정, 혹은 있어야 할 자리에 있다고 순간적인 확신이 드는 것과 같이 일시적인 것일까? 아니면 그보다 더 길게 지속되는 것일까? 행복의 시간은 언제일까? 행복하다고 느끼는 바로 그 순간일까? 혹은 유년 시절에 대한 생생한 추억이 있는 과거일까? 아니면 소망이나 약속이 이루어질 미래일까?

나는 행복한가? 이 질문에 나는 언제든 '네', '아니오'로 대답할 수 있다. 하지만 그렇다고 해서 반드시 내가 행복하다는 보장도, 그렇지 않다고 대답했다고 해서 앞으로도 내가 행복하지 않을 거란 보장도 없다. 바로 어제 나를 행복하게 해주었던 것이 내일도 나를 행복하게 할 수 있을까? 행복했던 기억이 추후에 고통스러운 환영처럼 등장해 나를 괴롭히지는 않을까? 임마누엘 칸트Emmanuel Kant는 "모든 인간은 행복하기를 욕망하지만, 그 누구도 자신이 진정으로 원하는 바를 일관성 있고 명확한 말로 표현하지는 못한다"고 말했다. 이처럼 나를 행복하게 만드는 것은 수수께끼처럼 나 자신도 알기 힘들지만, 그와 동시에 나만이 알 수 있는 내밀한

것이다. 그런데 왜 우리는 행복을 내가 아닌 다른 곳에서 찾으려 할까? 어떤 종교는 행복을 살아 있는 동안 누릴 수 있다고 보고, 또 어떤 종교는 행복을 죽은 후에나 얻을 수 있다고 약속한다. 마약은 우리를 인공적인 천국으로 데려다 놓으며, 언론, 소설, 영화 그리고 TV 드라마에서는 우리가 꿈꾸는 이미지를 만들어 낸다. 광고에 따르면 행복은 소비에서, 정치인들에 따르면 행복은 투표에서 나온다. 우리는 이토록 행복해지기를 간절히 바란다. 그런데 대체 행복을 손에 넣을 열쇠는 누가 쥐고 있는 걸까?

나라마다 행복을 말하는 방식은 다르다. 예를 들어 프랑스어에서 행복을 가리키는 단어인 Bonheur는 원래 행운을 뜻하는 말이었다. 고대 프랑스어에서 '운'을 의미한 heur와 여기에 Bon(좋은)이란 형용사가 결합하여 Bonheur(행운)이란 단어가 된 것이다. 그리고 지금에 이르러 행복을 뜻하게 되었다. 반대로 Mal(나쁜)이란 형용사가 결합한 Malheur(불운)이란 단어도 시간이 흘러 불행이란 의미를 지니게 되었다. 그렇다면 철학의 근원지인 그리스는 어떨까? 그리스어로 Eudaimon(행복한)이란 단어는 '신의 축복을 받은'이란 의미와 '바람직한 삶을 살다'라는 윤리적인 의미를 함께 가지고 있다. 라틴어에는 행복을 뜻하는 두 개의 단어가 있다.

더 추상적이고 숭고한 의미를 지닌 Beatitudo(천복)와 좀 더 세속적인 의미인 Felicitas(번영)이다. 독일어에서는 Glück이라는 한 단어가 행복과 행운이라는 뜻을 모두 가지고 있다. 영어도 프랑스어와 비슷하다. 행복을 뜻하는 영어 단어 Happiness에서 happ의 어원은 '운'이라고 한다. 그런가 하면 라틴어와 마찬가지로 영어와 독일어는 정신적인 행복과 사회·물질적인 행복을 구분하고 있다. 더없는 행복, 축복을 뜻하는 독일어 Seligkeit와 영어 Bliss, 그리고 안녕, 복지를 뜻하는 독일어 Wohlfahrt와 영어 Welfare가 이에 해당한다. Wohlfahrt와 Welfare의 어원은 여행자의 무사 항해를 바라는 말이었다고 한다.

또한 행복을 뜻하는 단어의 사용 방식도 시간에 따라 변화한다. 최근의 영어를 예로 들어 보자. 기존의 행복이란 단어가 가졌던 종교적 개념에서 탈피해, 시적인 의미는 덜하지만 심리학적 의미를 가미한 단어들이 등장하고 있다. 바로 행복한 상태를 가리키는 Well-being(웰빙)이나 몸과 정신이 모두 좋은 상태임을 의미하는 Wellness(웰니스)이다. 이렇듯 행복을 가리키는 단어가 다양한 만큼 행복에 도달할 수 있는 방법도 여러 가지일까?

행복할 때 몸속에서는
어떤 일이 일어날까?

우리는 종종 즐거움과 행복을 혼동하곤 한다. 물론 이 두 가지가 서로 연결되어 있긴 하지만 똑같은 것은 아니다.

즐거움이란 기분을 좋게 만드는 감각이자 우리가 오감으로 느끼기에 좋은 자극을 일컫는다. 흔히 미각, 시각, 촉각, 청각, 후각의 즐거움이라 부르는 것들을 말한다. 그에 반해 행복이란 우리의 몸과 영혼 모두에 관련된 것이다. 단순한

만족감이 행복은 아니라는 뜻이다!

즐거움은 지속적이지 않다. 우리의 오감은 늘 새로운 것에 이끌린다. 아무리 맛있는 디저트도 배부르게 먹고 나면 더 이상 먹고 싶지 않고, 아무리 아름다운 석양도 실컷 보고 나면 지겨워지며, 아무리 아름다운 음악이라도 반복해서 듣다 보면 질리기 마련이다. 반면, 행복은 오래 지속되는 것이다. 그렇다고 아무리 오래 느껴도 질리지 않는 감각을 찾아야 한다는 말은 아니다. 행복은 즐거움처럼 소비한다고 사라지지 않는다. 또한 즐거움은 이기적이다. 내가 좋아하는

맛이나 색깔은 다른 사람의 의견과는 상관이 없다. 내가 좋아하는 것은 나만이 결정할 수 있다. 하지만 행복은 개인적인 충족감 혹은 만족감이 아니라, 내 주변인과의 관계에서 탄생하고 주변인과 조화를 만들어 낸다.

그렇다고 행복과 즐거움의 경계가 칼로 끊어내듯 명확하다고 할 순 없다. 한순간이나마 행복에 가까운 감정을 주지 않는 즐거움은 없으며, 즐거움을 모두 거부한다고 행복에 다다를 수 없는 것처럼 말이다.

우리의 몸은
즐거움을 위해 만들어졌을까?

우리의 뇌는 무엇이 우리에게 즐거움을 주는지 잘 알고 있다. 먹고, 마시고, 숨 쉬고, 성적인 관계를 갖는 것과 같이, 종(種)의 생존에 필수적인 행위는 즐거움을 가져다준다. 하지만 이것이 다는 아니다. 우정, 부의 축적, 사회적 지위와 같은 보다 추상적인 개념에 의해 우리의 뇌는 활성화되며 뇌 속에 있는 일종의 반응 체계인 '보상 회로'에서 기분 좋은 감각을 만들어 낸다. 때로는 사랑을 받고, 부자가 되거나 유명해졌다는 믿음만으로도 보상 회로

가 작동한다고 한다. 이처럼 자연은 기분을 좋게 만드는 것과 생존에 유용한 것을 연결하여 생존 그 이상의 것을 가능하게 만든다. 예컨대 사회 기반을 다지는 데 사랑과 우정보다 더 훌륭한 것이 있을까? 또한 사회를 발전시키는 데 인간의 야망보다 더 훌륭한 것이 있을까?

우리의 머릿속에서 무슨 일이 일어나는지를 실제로 들여다보긴 힘들지만 뇌 영상 기술과 분자 생물학 분야의 발전으로 과학자들은 뇌가 어떻게 기능하는지 이해할 수 있게되었다. 우리의 감각은 즐거움, 행복, 자신감을 비롯해 고통, 두려움, 불안 등 긍정적이건 부정적이건 특정한 감정을불러일으키는 여러 정보를 뇌에 전달한다.

또한 엔도르핀과 엔케팔린과 같이 행복과 즐거움에 관여하는 수많은 물질이 있다. 이러한 물질들은 운동선수들이 꾸준히 훈련을 받고 고통을 이겨내어 좋은 성적을 거둘 수 있도록 만든다. 조깅을 즐기는 사람도 조깅 후에 비슷한 감각을 느낀다. 에너지가 다 빠져나간 듯한 피로와 황홀감이 섞인, 이 중독적인 감각으로 인해 내일도 일어나 달릴 힘을 얻는 것이다.

호르몬도 작은 '즐거움 공장'의 재료로 쓰인다. 바로 옥시토신이라는 호르몬이다. 옥시토신은 오르가슴, 출산, 수유 그리고 포옹에도 중심 역할을 한다고 한다! 또한 다른 사람, 즉 연인이나 아기에게 꼭 붙어 있고 싶은 감정을 불러일으킨다. 이처럼 즐거움은 우리의 몸과 뇌 속에서 일어나는 일이다.

때때로 우리를 찾아오는 우울감이나 기쁨도 알고 보면 화학 작용이다. 우리의 기분을 조절하는 것은 세로토닌이라는 호르몬으로, 우리가 사랑에 빠지거나 다른 사람들과 다양한 관계를 맺을 때 뇌 속에서 생성된다. 세로토닌이 가장 많이 분비되는 내장도 우리의 기분을 좌지우지한다. 배가 고프면 짜증이 나는 것을 보면 알 수 있다!

소설 해리포터에 등장하는 악한 존재인 디멘터는 사람을

공격해 즐거움을 앗아간다. 디멘터는 사람을 공격해 삶을 어둠 속에서 바라보게 하고 사방을 살이 에이는 추위로 둘러싸 죽음만이 유일한 탈출구라고 여기게 만든다. 현실에서의 이러한 존재는 바로 우울증이다. 지속적으로 우리를 슬프게 만드는 우울증의 원인이자 증상은 바로 세로토닌의 부족이다. 이외에도 원인은 다양하지만 우울증은 대부분 뇌 속 호르몬의 불균형으로 인해 발생하며 경우에 따라 치료를 통해 회복될 수 있다.

그렇다면 행복해지기 위해 세로토닌의 분비량을 마냥 늘리기만 하면 되는 것일까? 문제는 그렇게 간단하지 않다. 세로토닌은 마약의 일종인 엑스터시의 성분인 암페타민에 의해서도 분비되며 우리 뇌가 감당하기 힘들 정도로 강렬한 즐거움을 만들어 낸다. 그러나 행복감의 오르막길을 따라가다 보면 그 끝에는 반드시 내리막길이 있기 마련이다. 마약이 선사하는 인공적인 즐거움에는 중독이라는 큰 대가가 따른다. 정신과 전문의는 아편, 암페타민, 담배, 설탕, 술과 같이 중독을 일으키는 물질 없이는 정상적인 생활이 불가능한 상태를 중독이라 말한다. 중독은 결국 식사, 성관계, 우정, 사랑, 창조 혹은 성공에 대한 의지를 사라지게 만들고 그 자리를 차지한다.

'행복 물질'이라는 것은
존재할까?

　　　　　　　우리 뇌 속의 뉴런들은 매우 복잡
하게 얽혀 있으며 사람의 활동, 욕구, 성격, 교육수준, 습관
혹은 그가 겪는 사건에 따라 각기 다른 모습을 이룬다. 그러
므로 모든 사람의 뇌에 보편적으로 작용하는 '행복 물질'이
라는 건 존재하지 않는다. 대신 뇌를 어지럽히는 것이 무엇
인지, 또 그것을 어떻게 해결할 수 있는지에 대한 답을 과학
에서 찾을 수 있다. 여러 감정 사이의 균형을 이루기 위해서
는 다양하고 균형 잡힌 영양, 충분한 수면과 휴식, 우정, 사
랑, 충분한 일조량과 신체활동, 동기를 부여하는 프로젝트
와 같이 우리 몸이 필요로 하는 것을 제공해야 한다. 19세
기, 자연선택이론을 주장했던 영국의 생물학자 찰스 다윈
Charles Darwin은 인간의 생식과 진화에는 즐거움이 중심 역할
을 한다고 보았다. 그에 따르면 동물이 음식을 먹고 생식 활
동을 하는 것은 욕구와 즐거움을 만족시키기 위해서이다.
하지만 어떤 종의 생존 여부를 결정짓는 건 개인적 즐거움
이 아니라 감정이다. 누군가를 사랑하고, 사랑하는 이를 보
호하고, 사회를 이루어 함께 살아가도록 만드는 감정은 눈

앞의 순간적인 즐거움보다 더 강력한 힘을 가지고 있다. 이처럼 감정은 사회의 바탕을 이룬다. 일시적인 감각의 만족과 더불어 가족, 친구, 사회 그 자체와의 관계에서 오는 만족이 있을 때, 우리는 즐거움과 행복을 느낄 수 있다.

그리고 인간과 인간의 생존에 필수적인 감정은 즐거움만 있는 것은 아니다. 인간은 다양한 감정을 필요로 한다. 예를 들면 인간은 절망과 불만족으로부터 성취라는 꽃을 피운다. 그리고 고통과 두려움으로부터 위험을 예측하고, 향수(鄕愁)와 슬픔으로부터 잃은 것에 대한 가치를 깨닫는다. 또 공감으로 인해 고통받는 타인과 가까워지고 그를 도울 수 있게 된다. 즐거움과 행복은 타인과의 관계에서 무르익는 인류의 보편적 특징 중 하나이다. 행복은 어쩌면 전염되는 것이 아닐까? 친구와의 가벼운 여행, 누군가와 함께 즐기는 공연과 음악회, 축구 경기, 폭소, 도전의 성공, 한 팀이 되는 순간, …. 이렇게 소소한 순간에서 우리는 충분히 행복을 느낄 수 있으니 말이다.

"학창 시절, 미래에
무엇이 되고 싶냐는 질문에 나는
'행복한 사람'이라고 답했다.
모두 내가 문제를 잘못 이해했다고
말했지만, 나는 그들이 인생을
잘못 이해하고 있다고 답했다."

존 레논
John Lennon

행복은 종교와 관련이 있을까?

서양 사회에서 기독교는 오래전부터 행복에 대한 독자적인 정의를 내려왔다. 기독교에서 말하는 행복이란 하늘의 일이고, 즉 인간은 죽은 뒤에 더 나은 삶을 살 것을 바라며 '눈물의 계곡'과도 같은 현생을 지나야 한다. 기독교는 감각적 즐거움을 금기시했다. 기독교에서 말하는 이상적인 삶이란 금욕적인 삶이며, 종교적 기쁨을 누리고 영생의 문을 열기 위해서는 모든 유혹을 뿌리쳐야 한다고 믿었다.

하지만 18세기에 이르러 탄생한 계몽주의는 행복을 개인적인 것으로 보고, 바로 지금 여기서 누려야 하는 것으로 여겼다. 프랑스 계몽주의의 대표적인 작가인 볼테르^{Voltaire}는 다음과 같이 말했다. "신을 믿도록 강요하는 것이 인간을 얼마나 불행하게 만드는가? 이 세계를 감옥으로, 그리고 모든 인간을 형의 집행을 기다리는 죄수로 보는 것은 얼마나 정신 나간 생각인가? 이 세상을 즐거움만 찾으려는 열락의 장소로 보는 것은 시바리스인(향락만을 좇는 사람을 이르는 비유)이나 할 법한 몽상에 불과하다." 그렇다고 볼테르가 향락적인 사람보다 금욕적인 사람이 더 낫다고 생각했던 것은

아니었다.

즉, 인류를 지상에 유배된 자로 봐서도, 헛된 육체적 즐거움을 찬양해서도 안 된다는 것이다. 볼테르가 말하고자 한 것은 삶을 즐기되 일상 속에서 행복의 조건을 찾아야 한다는 사실이다. 볼테르는 행복은 신의 것이고, 인간은 천국에서만 그것을 누릴 수 있다는 이유로 인간에게서 행복을 빼앗아가서는 안 된다고 생각했다. 만약 신이 진정 선하다면, 어째서 자신의 피조물에게 즐거움을 느낄 수 있는 육신을 만들어주고 그것을 살아생전에 누리지 못하게 했겠는가?

계몽주의는 인간이 행복할 수 있는 존재라고 믿었고, 행복에 새로운 의미를 부여했다. 행복이란 절대적이고 무한히 완벽한 것이 아니라, 그때그때 모을 수 있는 상대적인 순간들의 연속이라는 것이다. 프랑스의 시인 디드로Diderot는 다음과 같이 말했다. "자연은 인간이 각자 자신만의 행복 법칙을 가질 수 있게 만들어 놓았다."

이렇게 종교와 행복을 분리시키면서 계몽시대의 철학자들은 매우 중요한 문제를 제기했다. 우리가 모두 행복할 운명이라면 어째서 가난, 전쟁, 재해, 폭력, 증오와 비극이 존재하는 것일까? 이것이 바로 볼테르의 작품 《캉디드》의 출발점이다. 이 책의 주인공인 캉디드는 '모든 것이 최선'이라고 믿는 못 말릴 정도로 순진한 인물이다. 그와 친구들은 전쟁과 죽음, 가난, 망명, 지진과 같은 끔찍한 불행이 닥치면서 정신적인 고난을 겪는다. 그런 캉디드가 비로소 행복해지는 것은 '자신의 정원을 가꾸면서'부터이다. 중요한 질문들을 던지는 것과 세상이 그에게서 앗아간, 손에 잡히지 않는 행복을 뒤쫓는 것을 포기하고, 정원 가꾸기를 통해 단순한 즐거움을 누리는 삶을 선택한 것이다. 이 이야기가 주는 교훈은 모호하다. 행복의 서사가 부재하기 때문이다. 캉디드가 행복해지자마자 이야기는 끝이 나고, 연이은 그의 불행 끝에서 겨우 찾은 독자들의 즐거움도 그렇게 끝나버린다. 행복해지기 위해서는 정원을 가꿔야 한다는 의미일까? 반은 맞고 반은 틀렸다. 볼테르와 동시대를 살았던 다른 철학자들은 이 결론에 어떤 의미를 부여했을까? 장 자크 루소 Jean-Jacques Rousseau는 자신의 저서, 《고독한 산책자의 몽상》에서 행복은 한 인간의 내면과 그가 소중히 여기는 추억에 존재한다고 보았다. 잊힌 과거를 되살리는 문학적 글쓰기와 시야말로 세상의 불행으로부터 나를 보호하는 방패막이라는 것이다.

프랑스 혁명은 모두를
행복하게 만들었을까?

　　　　　루소에 따르면 개인의 자아실현은 모두의 삶의 조건을 나아지게 만든다. **행복을 누릴 자유가 없다면 어떤 행복도 존재할 수 없다.** 예를 들면 가난이 민중을 무너뜨릴 때나 지도자의 폭정, 또는 독재의 경우가 그렇다. 그렇다면 어떤 정치 체제가 행복을 가장 잘 가져다줄 수 있을까? 이 질문이 바로 18세기를 뜨겁게 달군 화두였다.

1776년 7월 4일, 영국으로부터 독립한 미국의 독립선언문에는 이렇게 쓰여 있다. "모든 사람은 평등하게 태어났고, 창조주는 몇 개의 양도할 수 없는 권리를 부여하였으며, 그 권리 중에는 생명과 자유와 행복의 추구가 있다." 미국을 건국한 이들은 유럽 철학을 공부하였으며 토머스 제퍼슨Thomas Jefferson처럼 작가였다. 이들은 미국인이 폭군과도 같은 식민지 정부의 지배를 받기를 거부하고, 미국의 독자적 정부로부터 통치 받을 권리가 있다고 단언했다. 또한 국민들이 자신을 위해 선택을 내릴 수 있고, 개인이 자아를 실현할 수

있는 사회를 만들고자 했다. 그로부터 몇 년이 지난 후 이번에는 프랑스에서 혁명이 일어났다. 혁명론자들은 왕의 절대권력과 세 개의 계급으로 나뉘었던 기존의 앙시앵 레짐ancien régime에 종지부를 찍기로 결심한다. 1789년에 만들어진 '인간과 시민의 권리선언', 즉 프랑스 인권선언은 '헌법과 모든 국민의 행복을 수호할 것'을 혁명의 최우선 과제로 삼고 있다. 이후 1793년에 루이 16세가 처형된 후, '사회의 목표는 공동의 행복'이라는 문구가 인권선언문의 제1조에 새겨졌다. 폭정을 끝내고 새로운 정치 기구를 만든다는 기존의 목표에서 벗어나, 이제는 국가가 개인의 불행을 막을 수 있는 수단을 제공해야 한다고 본 것이다. 즉, 국가가 가난한 사람, 늙고 병들어 돈을 벌지 못하는 사람을 구제하고 모든 아동의 교육을 책임져야 한다는 말이다. 그러나 행복에 대한 권리를 제창하는 것만으로는 충분하지 않다. 모든 국민의 삶을 실제로 개선해야 한다.

　그러나 미국의 경우, 경제적 논리로 인해 행복과 자유에 관한 위대한 선언이 제대로 지켜지지 못했다. 흑인 노예들은 독립한 이후에도 거의 100년 동안이나 자유와 행복을 박탈당했기 때문이다. 프랑스에서는 혁명 이후 프랑스령 식민지 내에서 노예제도가 폐지되었으나 얼마 못 가 부활하고 말았다. 그 후, 행복에 대한 권리가 위협과 협박의 도구로 전락하고 만다. 숙청이 끊이지 않았던 공포 정치 체제가 국민들에게 무기를 들도록 했기 때문이다. 프랑스 혁명을 주도했고, 혁명 이후 공포 정치를 행한 로베스피에르^{Robespierre}를 지지했던 생쥐스트^{Saint-Just}는 유럽의 군주제에 전쟁을 선포하면서 프랑스 국민들에게 이렇게 말했다. "여러분, 우리가 이 땅에 더는 단 한 명의 불행한 이도, 독재자도 원하지 않는다는 사실을 유럽에 가르쳐줍시다. 이 땅에 선례를 남깁시다. 덕과 행복에 대한 사랑을 퍼뜨립시다! 행복이 유럽의 새로운 이념이 되도록 만듭시다." 행복을 핑계로 전쟁을 일으키려 하다니! 생쥐스트는 프랑스 혁명의 적을 무자비하게 처단해야 한다고 믿었다. 하지만 행복을 추구한다는 이유로 폭력을 정당화할 수 있을까? 공정하고 행복한 사회가 될 수만 있다면 어떤 방법을 써도 괜찮은 것일까?

이상적인 사회는
어떻게 만들까?

프랑스 혁명의 소용돌이가 지나가고, 19세기가 되자 세상은 바뀌었다. 산업의 발전으로 인해 새로운 불평등이 생겨났고, 부자와 빈자의 차이가 급격히 벌어졌다. 정치 지도자들이 약속했던 행복한 사회는 어떻게 된 것일까?

1830년대에 유럽에서 탄생한 사회주의는 부르주아 계급이 경제적으로 노동자 계급을 지배하던 구조를 무너뜨리는 것으로, 더욱 평등하고 행복한 세상을 만들 수 있다고 믿었다. 또한, 협동과 상부상조의 가치를 되살림으로써 모든 사람의 삶이 개선될 수 있다고 주장했다. 철학자이자 상인이었던 샤를 푸리에Charles Fourier는 함께 살고 함께 일하는 조화와 평등의 공동체를 꿈꿨다. 따라서 이를 위해서는 당시 공장의 운영방식을 과감하게 바꾸고 심지어는 노동자와 공장장의 구분도 없애야 한다고 주장했다. 노동이 자아실현을 위한 수단이어야지, 인간을 고통스럽게 만들고 소외시켜서는 안 된다는 것이다. 이에 따라 프랑스와 당시 프랑스의 식민지였던 알제리, 그리고 북미에서 푸리에 주의를 따른 공동체가 여럿 생겨났다. 하지만 이 공동체 실험의 대다수가 다른 공장과의 경쟁과 갈등으로 인해 실패하고 말았다. 그럼에도 푸리에의 정신은 협동과 상호부조에 기반을 둔 노동운동의 발전에 크게 이바지했다.

사회주의 철학자 중 가장 널리 이름을 알린 독일의 카를

마르크스Karl Marx의 사상으로부터 영향을 받아 일어난 노동 운동 이후, 20세기가 되자 소비에트 연방(소련)과 중화 인민 주의 공화국(중국)에서 공산주의가 등장했다. 소련과 중국 이 선전한 노동자의 이미지는 강인하고 미소를 띤, 자아실 현을 이룬 모습이었다. 하지만 이들 국가는 정말로 이상적 인 사회였을까? 국가 차원에서 주문한 영화, 르포 기사, 사 진 자료와는 다르게 현실은 훨씬 더 어두웠다. 전반적으로 극빈층의 삶이 개선되긴 했으나 이들 공산주의 국가가 약속 했던 '행복한 미래'는 오지 않았다. 전체주의가 대두하면서 국가가 국민의 자유를 박탈하고, 추방과 강제수용을 일삼으 면서 국민의 육체와 꿈을 모두 통제했기 때문이다. 1989년, 베를린 장벽 붕괴와 함께 소련의 공산주의 실험은 끝이 났 다. 그로부터 여러 해가 지나고 중국에서는 개인이 부를 축 적할 수 있게 되었다. 이렇듯 푸리에에서 소련에 이르기까 지 크고 작은 경험의 실패로 미루어 볼 때 우리는 모두가 행 복 앞에 평등한 사회를 만들기란 불가능하다는 결론을 내려 야 할까? 철학자이자 인본주의자인 토머스 모어Thomas More 는 르네상스 시기부터 '최고의 정부'가 통치하고, 정치 기구, 사유재산 원칙의 거부, 노동의 조직을 통해 모두의 행복과 번영이 가능한 이상적인 섬을 꿈꿨다. 이 섬의 이름인 '유토

피아'는 그리스어로 중의적인 의미를 지닌다. 행복의 장소eu-$topos$이자 어디에도 없는 장소u-$topos$라는 뜻이다. 이처럼 진정한 행복이란 이 세상에 존재하지 않을지도 모른다. 그렇다면 세상을 바꾸기 위해 노력할 필요도 없는 것일까?

"우리는 행복하려고
노력해야 한다.
설령 그것이 타의 모범이
되기 위함일지라도."

자크 프레베르
Jacues Prévert

돈이 행복을 가져다줄까?

지금 우리가 살아가는 21세기는 정치적 유토피아와는 거리가 매우 멀어 보이지만 그 어느 때보다도 행복에 대한 약속이 넘치는 사회이다. 자유주의 체제는 개인에게 부를 축적할 자유와 더 나은 삶을 만들 자유를 주는 것처럼 여겨진다. 개인에게 어떤 삶을 살지를 정해주는 공산주의 체제와는 달리, 자유주의 체제는 겉으로는 모든 개인이 자신이 내리는 결정의 주인으로 보인다. 누구나 자유롭게 물건을 소유하고 교환하며, 재산을 모으고, 자신이 원하는 삶을 살 수 있는 것처럼 말이다.

자유주의 경제의 근본은 개인이 자신의 행복에 가장 잘 기여할 수 있는 방향을 선택한다는 것이다. 각자 직업을 통해 벌고 마음껏 쓸 수 있는 것, 꼭 필요한 것들을 살 수 있게 하고, 넘치면 삶이 더 나아지는 것, 그것은 바로 돈이다. 그런데 이처럼 돈의 중요성이 커지고 불평등이 날이 갈수록 심해지는 만큼 불행도 증가하지는 않을까?

경제학자들은 돈이 행복을 만들고 가난이 불행을 만든다는 것이 명백한 사실이라고 본다. 하지만 돈과 행복의 관계는 그리 단순하지 않다. 먼저, 우리는 부유하지만 불행할 수 있고, 가난하지만 행복할 수 있다. 같은 양의 돈이 가지는 가치는 사람마다 다르다. 크리스마스에 100만 원을 받은 백만장자와 최저임금 노동자가 느끼는 기쁨의 무게가 다른 것처럼 말이다. 이와 같은 진실을 재치 있게 드러낸 유명인의 일화가 하나 있다. 미국의 배우인 아널드 슈워제네거Arnold Schwarzenegger는 1995년에 이렇게 말했다. "돈은 행복을 가져다주지 않는다. 왜냐하면 지금 나는 5천만 달러를 가지고 있지만, 4천 8백만 달러를 가지고 있을 때와 똑같이 행복하기 때문이다!" 2017년, 그의 자산은 3억 달러를 넘는 것으로 추정된다는데 그는 여전히 그때와 똑같이 행복할까?

행복을 가져다주지는 못할지라도 **돈은 관습, 필요, 그리고 새로운 욕망은 만들어 낸다.** 우리의 욕구는 주변 환경, 사는 동네, 나와 비교되는 친구, 닮고 싶은 누군가의 영향을 받는다. 때때로 같은 물건을 소유하고, 같은 스타일의 옷차림을 하는 것은 대부분 같은 집단에 소속되었다는 것을 증명한다. "모두 저 물건을 가지고 있으니 나도 가져야겠어!"라고 단 한 번도 생각해본 적 없는 사람이 있을까? 각자의 상황, 방식, 나이, 사회적 환경에 따라 다르겠지만, 이러한 '물건'은 주로 타투, 휴대전화, 가방, 컴퓨터, 학위, 자동차이다. 사실 전부 나열하자면 끝이 없다. 게다가 현대 소비

사회에서는 이것들을 계속해서 새것으로 갈아치우게 만든다. 그 결과 어떤 사람들은 좌절감을 느끼거나 폭력을 행사하기에 이른다.

그러나 우리 사회에는 꼭 소비가 아니더라도 개인의 능력을 발휘하거나 개성을 드러낼 방법이 존재한다. 우리는 돈이 다가 아닌, 삶 속에 상상력과 창의력을 펼칠 수 있는 공간을 얼마든지 마련할 수 있다. 자신만의 옷차림, 정체성 혹은 삶의 방식을 선택할 수 있다는 가능성은 우리 모두에게 자유와 자아실현의 또 다른 가능성을 열어준다.

1931년에 출간된 영국의 작가 올더스 헉슬리Aldous Huxley의 저서 《멋진 신세계》가 그리는 행복한 사회는 생각도 이상도 존재하지 않는 무기력한 독재 사회이다. 이 사회는 불평등은 여전히 존재하지만 누구나 태어날 때부터 각자의 운명에 만족하도록 설계된다. 모든 욕망은 즉각 해소될 수 있으며 모든 사람은 원하는 만큼 소비할 수 있고, 의학의 발달로 세상의 모든 질병과 노화, 육체적 고통이 사라진 세상이다. 또한 성생활이 생식 활동과 분리된 자유로운 사회로, 사랑과 가족 때문에 슬플 일도 없다. 사회에 널리 보급된 '소마'라는 공식적 약물은 필요할 때면 언제든지 어떤 걱정도 떨쳐버리게 해 준다. 이곳에서의 자유란 다양한 즐거움을 누

릴 자유이다. 헉슬리가 그린 사회는 오늘날에도 여전히 매력적으로 느껴진다. 하지만 그런 사회에서 사는 것이 정말 좋은 것일까?

'국민총행복(GNH)'은
어떻게 산출할까?

제2차 세계대전 이후, 대다수의 유럽 국가에서는 인생에서 일어날 수 있는 가장 끔찍한 사고에 대비해 국민을 보호하는 복지 국가 체제가 등장했다. 국민, 즉 고용주와 노동자가 내는 세금과 분담금으로 국가는 모든 국민에게 빈곤을 면할 수 있도록 최저임금을 보장하고, 일자리를 잃거나 질병을 앓는 노동자에게는 보상을 제공하며, 병원비와 학비를 지원하게 된 것이다. 이와 동시에 국민의 삶도 급격하게 변화했다. 사회는 더욱더 자유로워졌고 다양성을 가지게 되었다. 하지만 이런 복지정책들이 실제로 국민들을 행복하게 만들었을까? 그렇다면 행복을 산출하고 평가하는 방법도 있을까?

이것이 바로 2012년부터 국제연합(UN)이 '세계행복보고서'를 통해 알아보고자 한 것이다. UN은 경제학자, 심리학자, 통계학자를 통해 전 세계 158개국 국민의 만족도를 여섯 가지 기준으로 산출하도록 했다. 여섯 가지 기준은 소득 수준[1인당 국내총생산(GDP)], 건강 기대수명, 사회적 지원 혹은 복지, 선택의 자유, 부패에 대한 인식, 사회의 너그러움 및 관용이다. 2014년부터 2016년까지 이 보고서의 기준에 따라 평가된 가장 '행복한' 국가는 노르웨이, 덴마크, 아이슬란드, 스위스였다. 이렇게 순위의 앞머리를 장식한 국가가 부유하고 국민의 교육과 복지 수준이 매우 높은 편에 속하는 북유럽 국가들이란 사실은 국가의 부와 사회적 역할이 얼마나 중요한지 알려준다. 또한, 가장 행복도가 낮은 것으로 평가된 국가는 세계에서 가장 가난하고 위험한 지역에 속한 국가였다. 사하라 이남 지역의 아프가니스탄(141위)과 시리아(152위)가 그 예이다. 프랑스는 북유럽 국가보다 한참 아래인 31위를 차지했지만, 경제위기를 전면으로 맞은 두 국가인 포르투갈과 그리스보다는 한참 위를 차지했다.

UN의 세계행복보고서는 2012년 이후, 행복이라는 감정이 어떻게 변화했는지, 각 국가의 다양한 집단(나이, 젠더, 사회적 계급과 직업, 거주 지역)별로 그들이 느끼는 바가 무엇인지를 알려준다. 고령화 국가일수록 노인 세대는 자신들의 삶에 만족한다는 응답이 많았던 반면, 젊은 세대는 그렇지 않았다. 프랑스의 경우가 바로 여기에 해당한다. 행복에는 많은 돈이 든다. 인구가 고령화하고, 사회 보장제도를 책임지는 경제 성장이 감소세로 돌아선 오늘날에는 더욱더 그렇다. 하지만 보고서가 고려한 여섯 가지 기준만으로 행복을 평가한다는 것은 과연 타당한 것일까? 환경이 잘 보호되고 있는지, 물물교환과 같이 돈이 필요하지 않는 교환이 가능한지, 문화와 취미를 누릴 수 있는 사회인지와 같은 기준도 고려해야 하는 것은 아닐까? 국가 지도부가 국민의 필요에 관심과 주의를 기울이는 것만으로 행복한 사회를 만들수는 없다. 국가뿐 아니라 시민단체와 시민운동을 비롯한모든 세대의 참여가 필요하기 때문이다.

행복이 넘치는 사회?

　　　　　　　우리는 행복의 이미지가 넘치도
록 많은 사회에 살고 있다. 눈에 보이는 TV, 스마트폰을 비
롯하여 액정마다 빠지지 않고 등장하는 눈부신 연예인과 성
공한 운동선수의 모습은 우리에게 강렬한 감정을 유발한다.
SNS상에서는 우리의 '친구'들이 쿨한 저녁 모임과 천국 같
은 휴양지를 배경으로 미소를 짓고 있다. 온라인에 게재하
는 행복이란 이런 것이다. 하지만 오프라인에서도 다들 행
복할까?

　당황할 것 없다! 행복이 사라지고 불행이 우릴 덮치더라
도 우리에게 도움을 줄 전문가가 많으니 말이다! 자기계발
서는 자아실현과 성공에 대한 비밀을 팔고, 명상은 우리의
몸과 세계의 조화를 이루어준다. 또한 심리치료는 우리의
정신세계 속에서 행복을 가로막고 있는 것을 '치워'준다. 삶
의 기술, 정신과 육체의 건강법이 그 어느 때보다도 더 우리
의 손 닿는 곳 가까이 있다.

　여기서 얻을 수 있는 교훈은 무엇일까? 전문가의 조언이
고 뭐고 다 약장수의 말로 치부해야 할까? 꼭 그렇지만은 않
다. 명상을 통해서 우리는 즐거움과 행복을 느끼기 위해 뇌

의 능력을 어떻게 발달시키면 좋을지를 배운다. 인생을 건강하게 사는 법은 우리가 앞서 본 대로, 행복이란 감정과 밀접하게 연관되어 있다. 심리 치료학의 아버지인 지그문트 프로이트Sigmund Freud에 따르면 심리치료는 나 자신을 객관적으로 보기 위해 거리를 두고, 기대와 실제 행동의 조화를 이루며, 고통스러운 가족 문제를 해결하고, 병적이고 장애와 같은 절망적 상황을 '일상적인 불행'으로 바꾸는 데 종종 필요하다. 이러한 삶의 기술들은 다음의 공통점을 가지고 있다. 행복이란 재산의 축적, 소비 혹은 물질의 소유에 달린 것이 아니라 존재의 방식, 타인 및 세상과의 관계에 달려 있다. 예를 들면 사려 깊고 친절한 어른이 아이의 사회 및 지적 능력의 발전에 중요한 역할을 하는 것과 같다. 경쟁보다는 협동을 통해 아이에게 스스로에 대한 믿음을 주는 것은 행복할 수 있는 아이로 만들고, 더욱더 조화로운 삶의 조건을 만드는 것이다.

누구나 자신의 불행을 줄이고자 할 수 있다. 하지만 그런다고 불행에서 완전히 벗어날 수 있을까? 그리고 반드시 불행에서 벗어나야 하는 이유는 무엇일까? 모든 사람이 행복하고 평온한 삶을 원하는 건 아니다. 어떤 사람은 불안감 덕분에 자신의 한계를 뛰어넘기도 하고, 또 어떤 사람은 침울

함 속에서 예술과 창조의 힘을 얻기도 한다. 분노와 저항심
이 누군가에게는 세상을 바꿀 계기를 제공하기도 한다. 행
복이란 어쩌면 자신의 불행을 어떻게 활용할지 아는 것일지
도 모른다.

행복하기 위해서는
어떻게 살아야 할까?

위의 질문처럼 삶의 철학적 의미
를 고찰하게 되면서 사람들은 그리스 철학에 다시 주목하게
되었다. 고대 그리스의 철학자들은 행복의 상태를 '바람직한
삶'과 뗄 레야 뗄 수 없는 것으로 보았다. 고대 그리스의 철
학자인 에피쿠로스Épicure는 자신의 젊은 제자였던 메노이케
우스Menécée에게 이렇게 말했다. "철학은 대화와 이성적 사
유를 통해 우리에게 행복한 삶을 가져다주는 활동이다." 맞
는 말이다. 그런데 '어떻게' 행복을 가져다준다는 말일까?

에피쿠로스에게 선(善)이란 아타락시아, 즉 마음의 평정
이다. 풀어서 말하자면 아무 문제가 없고, 쓸데없는 동요와
감각의 흥분을 거부하는 마음의 상태를 말한다. 에피쿠로스
의 지혜를 네 문장으로 표현하면 다음과 같다. "신은 두려워

할 대상이 아니다 / 죽음은 두려워할 대상이 아니다 / 우리는 행복에 다가갈 수 있다 / 우리는 고통을 없앨 수 있다." 이처럼 우리는 걱정과 고통, 두려움으로부터의 피해를 최소화하기 위해 노력해야 하고, 삶이 우리에게 주는 즐거움을 누려야 한다. 하지만 이는 손에 넣기 매우 힘든 즐거움이며 지혜로운 자만이 가질 수 있는 균형이다.

플라톤Platon이 기록한 소크라테스Socrate의 말에 따르면, 진정한 행복이란 영혼이 육신에서 분리될 때, 즉 사후 세계에서나 가능한 것이다. 그렇다면 지상에서의 행복은 그냥 포기하라는 것일까? 꼭 그렇지는 않다. 인간의 본성은 무슨 일이 있어도 행복을 추구하도록 만들어졌다. 지혜와 덕은 우리가 부와 명예와 같은 거짓된 즐거움에서 벗어나 행복을 추구할 수 있도록 돕는다. 또한 철학은 우리의 삶과 사유가 일치할 수 있도록 돕고, 우리에게 가치 있는 것과 가치 없는 것을 구별할 힘을 길러준다.

플라톤은 행복을 손에 넣기 어려운 것으로 보았지만, 아리스토텔레스는 집, 가족 건강, 성공과 같은 물질적인 것의 도움으로 어느 정도 행복에 도달할 수 있다고 보았다. 행복 추구가 모든 인간이 가져야 할 목표라면, 노동 없이 그것을 이루는 것은 불가능하다. 삶의 기술이란 우리의 몸과 정신을 동시에 사용하는 것이다. 이렇게 행동과 생각 사이의 까다로운 균형을 이루려면 우리 자신과 우리를 둘러싼 세계에 대한 깊은 철학적 사유인 성찰이 필요하다. "성찰하는 힘을 가지면 가질수록, 우리는 더욱 행복해질 수 있다. 여기에서 행복이란 우연히 손에 넣은 행복이 아니라, 성찰에 대한 결과로서의 행복이다. 성찰은 그 자체로 매우 값진 것이다. 결국 행복은 성찰의 한 방식일 뿐이다."

행복이란 인생계획을
달성하는 것일까?

고대 그리스인들이 강조했던 '바람직한 삶'이란 옳은 행동을 하고, 최대한 '인간적인' 사람이 되도록 노력하는 삶이다. 이들이 말한 '바람직한 삶'은 오늘날까지 큰 울림을 준다. 현란한 광고와 유행에도 불구하고 우리는 행복이란 물건의 소유가 아닌, 자기 능력의 실현에서 온다고 믿는다. 물론 사람마다 가치관에 따라 다를 수 있지만, 일반적으로 우리는 재능을 십분 발휘한 삶을 성공한 삶이라고 여긴다. 내가 좋은 '인생계획'을 가지고 있고 그것이 나의 자아실현을 가능하게 한다면, 나는 행복하며 다른 사람들의 눈에도 나는 행복한 것으로 비춰진다. 인생을 살아가면서 장애물도 만나고, 사고나 질병, 실패 등 피치 못한 일들도 겪으며, 계획을 실짝 변경하거나 목표 달성에 실패하더라도 내가 나의 능력과 타고난 재능을 발전시킬 좋을 알고 새로운 능력을 발전해냈었다면 임종에 이르러서는 의미 있는 행복한 삶을 살았다고 평가할 것이다. 인생을 바라보는 이러한 관점은 윤리적인 동시에 더 이상 외부가 아닌, 나의 내부에서 기인한다. 하지만 이런 종류의 미덕은 이전 세대에서 볼 수 있었던 엄격한 규칙보다 더하면 더했지, 덜 까다롭지 않다. 나 자신을 잘 알아야 할 뿐만 아니라 인생의 성공을 위해 노력하고, 다가오는 모든 것에 열린 마음을 가지며, 언제든 기회를 잡고, 시의적절한 때에 능력을 사용하기를 요구하기 때문이다. 그리스인들은 여기에서 시의적절한 때를 '카이로스'라고 불렀다.

미국의 철학자인 로버트 노직 Robert Nozick은 다음과 같은 질문을 던졌다. 완벽하고 지속적

행복하다는 것은
늘 균형한 상태일까?

이며, 부작용이 없는 행복을 만들어주는 기계가 존재한다면, 우리는 그것을 구입할 것인가? 노직은 그러지 않을 것이라고 답했다. 자기 자신을 위해서도, 타인을 위해서도 이런 기계를 사는 사람은 없을 것이라고 주장한 것이다. 왜일까? 행복이란 인간의 개인적 목표이지 사회의 목표가 아닌가? 여기서 우리는 흘러지 않는 모순과 마주친다. 우리는 모두 행복을 바라지만, 완벽한 행복이란 꼭 필요한지만 결대로 매력적으로 보이지 않는다. 행복은 어느 정도 욕망과 연관되어 있지 않은 것이다. 왜냐하면 행복은 어느 정도 욕망과 연관되어 있고, 욕망이란 결핍에서 기인하기 때문이다. 욕망이란 우리가 매 순간 바라는 것이며, 일시적으로만 충족될 수 있는 것이다. 행복에 대한 욕망은 이토록 철저히 인간적이다. 마치 완벽과 오믈릿의 불균형이 있어야만 앞으로 걸어 나갈 수 있는 걷기의 행위처럼 말이다.

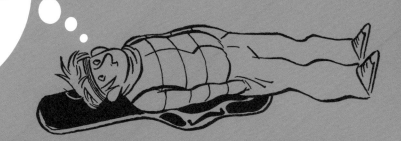

"행복의 기원은 매우
오래되었으나 행복은 여전히
새것이다. 거의 쓰이지
않았기 때문이다."

외젠 이오네스코
Eugène Ionesco

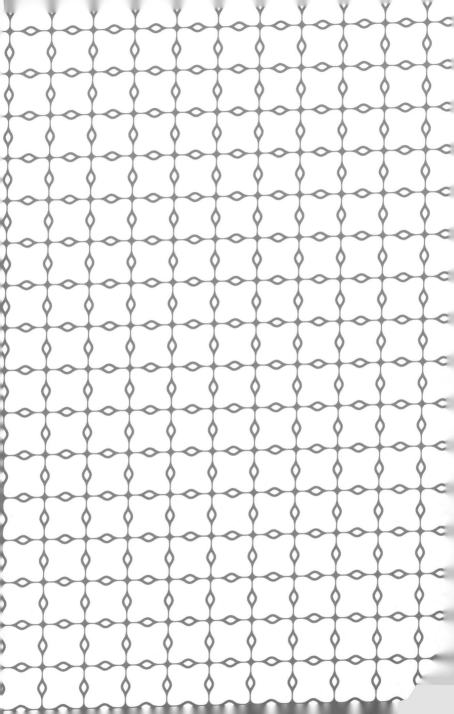

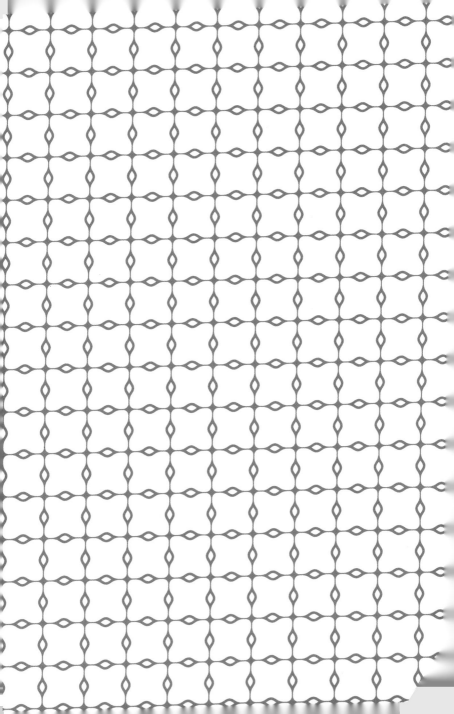

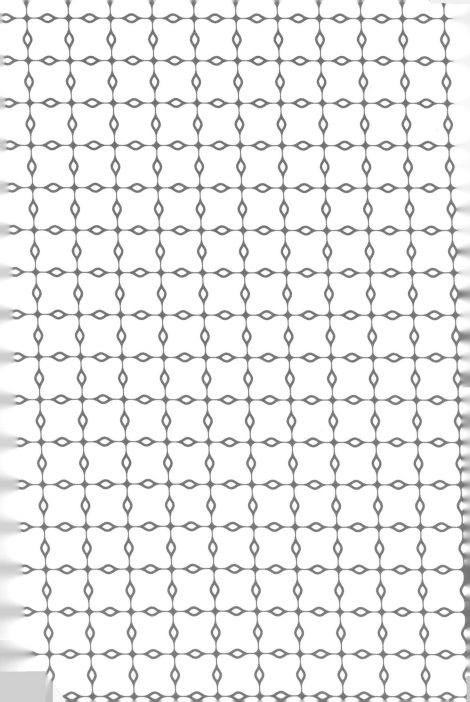